Celebrando las diferencias

Familias diferentes

por Rebecca Pettiford

Bullfrog Books

Ideas para padres y maestros

Bullfrog Books permite a los niños practicar la lectura de texto informacional desde el nivel principiante. Repeticiones, palabras conocidas y descripciones en las imágenes ayudan a los lectores principiantes.

Antes de leer

- Hablen acerca de las fotografías. ¿Qué representan para ellos?

- Consulten juntos el glosario de fotografías. Lean las palabras y hablen de ellas.

Durante la lectura

- Hojeen el libro y observen las fotografías. Deje que el niño haga preguntas. Muestre las descripciones en las imágenes.

- Lea el libro al niño, o deje que él o ella lo lea independientemente.

Después de leer

- Anime a que el niño piense más. Pregúntele: Piensa en tu familia. Ahora piensa en la familia de tu mejor amigo. ¿Cómo es tu familia parecida a su familia? ¿Cómo son diferentes?

Bullfrog Books are published by Jump!
5357 Penn Avenue South
Minneapolis, MN 55419
www.jumplibrary.com

Library of Congress Cataloging-in-Publication Data

Names: Pettiford, Rebecca, author.
Title: Familias diferentes / por Rebecca Pettiford.
Other titles: Different families. Spanish
Description: Minneapolis, Minnesota: Jump!, Inc., 2017. | Series: Celebrando las diferencias
Includes index. | Audience: Age 5–8.
Audience: K to grade 3.
Identifiers: LCCN 2017002949 (print)
LCCN 2017008466 (ebook) | ISBN 9781620317921 (hardcover: alk. paper) | ISBN 9781620317976 (pbk.)
ISBN 9781624966194 (ebook)
Subjects: LCSH: Families—Juvenile literature.
Classification: LCC GN480 .P4818 2017 (print)
LCC GN480 (ebook) | DDC 306.85—dc23
LC record available at https://lccn.loc.gov/2017002949

Editor: Jenny Fretland VanVoorst
Book Designer: Leah Sanders
Photo Researcher: Leah Sanders
Translator: RAM Translations

Photo Credits: Getty: JGI/Tom Grill, 1; Portra Images, 4; Robert Deutschman, 6–7; Uwe Krejci, 12–13; Hero Images, 24. iStock: monkeybusinessimages, 5, 17; svetikd, 8–9, 10; Weekend Images Inc., 14–15; Paul Bradbury, 16. Shutterstock: pixelheadphoto digitalskillet, 3; Alena Ozerova, 11; Monkey Business Images, 18–19; DNF Style, 20–21; canovass, 22; goodlux, 23tr. SuperStock: Image Source, cover.

Printed in the United States of America at Corporate Graphics in North Mankato, Minnesota.

Tabla de contenido

Nuestras familias

Las familias son diferentes.

Tina tiene dos papás.

Los dos la preparan para dormir.

¡Los dos la levantan!

5

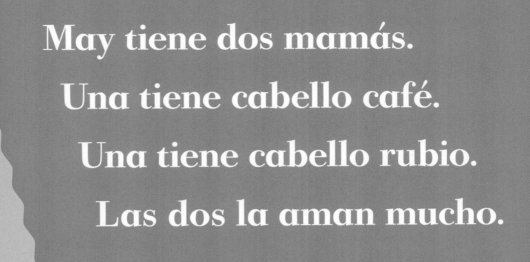

May tiene dos mamás.

Una tiene cabello café.

Una tiene cabello rubio.

Las dos la aman mucho.

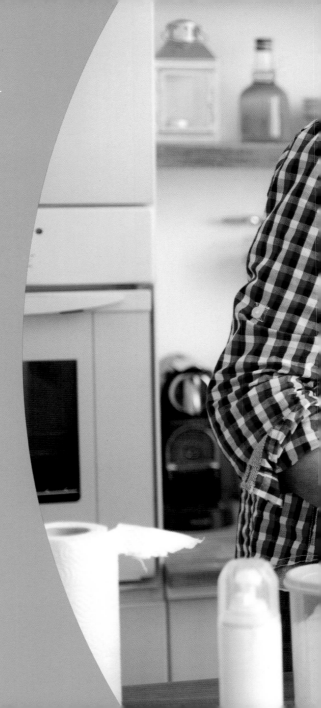

Los papás de Beth
están divorciados.

Está en la casa
de su papá.

¡Se divierten!

El papá de Beth se volvió a casar.

Ahora Bea es su madrastra.

También tiene hermanastras.

¿Con quién vive Ida?

Con su abuela.

13

Jay es adoptado.
Mamá lo cuida sola.

Gia también es adoptada.

Nació en Corea.

16

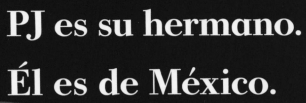

PJ es su hermano.

Él es de México.

Max vive con una familia adoptiva temporal.

¡Pronto también lo adoptarán!

¿Cómo es tu familia?

Mi familia

1. Consigue papel y lápices de colores. ¡Es hora de dibujar!
2. Haz un dibujo de la familia con quien vives. Dibuja a cada persona, incluyéndote a ti mismo.
3. ¿Quién es cada persona? ¿Quiénes son para ti (mamá, papá, madrastra, abuelo, hermana, hermano, etc.)?
4. ¿Conoces a otra familia? Haz un dibujo de esa familia.
5. ¿Cómo es esa familia diferente a la tuya?

Glosario con fotografías

adoptado
Ser criado por padres a quienes no se relaciona biológicamente.

hermanastras
Las hijas de un padrastro y su ex pareja.

divorciado
Una pareja que ha decidido terminar su matrimonio.

madrastra
Una mujer casada con el padre, pero que no es la madre biológica.

familia adoptiva temporal
Una familia que cuida a un niño hasta que el niño sea adoptado.

volverse a casar
Casarse de nuevo después del divorcio o muerte.

Índice

Para aprender más

Aprender más es tan fácil como 1, 2, 3.

1) Visite www.factsurfer.com

2) Escriba "familiasdiferentes" en la caja de búsqueda.

3) Haga clic en el botón "Surf" para obtener una lista de sitios web.

Con factsurfer.com, más información está a solo un clic de distancia.